아이들이 좋아하는
상어대백과

글·그림 씨엘

차례

까치상어

방추형 몸에 머리가 납작하고
별상어에 비해 주둥이가 짧고
둥그런 모습이지요.

4

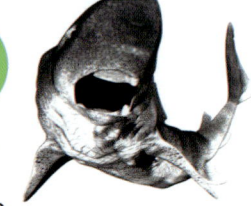

돌묵상어

상어 가운데 두 번째로 크지만
덩치만 클 뿐 성질이 온순해
사람에게는 피해를 주지는 않아요.

24

황소상어

두톱상어

두톱상어는 몸이 가늘고
머리가 납작하고 주둥이가 짧고
끝이 둥그스름해요.

64

성질이 난폭하며 식인상어 중
큰 편은 아니지만, 상대를 물어뜯는
이빨의 힘은 최고예요.

44

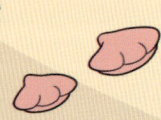

백상아리

영화 〈조스〉에 등장하는
상어예요. 성질이 매우
난폭한 것으로 알려져 있지요.

84

한국, 일본, 대만, 중국, 필리핀 해역에 분포하는 상어입니다. 육지와 가까운 바다에 살며 물고기, 연체동물, 갑각류를 즐겨 잡아먹지요.

주로 밤에 먹이 활동을 하는 야행성입니다.
많은 상어들이 그렇듯 번식기가 아니면 대개
단독생활을 하지요.

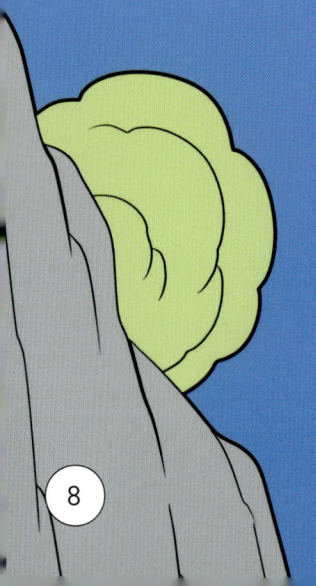

난태생으로 번식하는데,
암컷은 10~20마리의 새끼를 낳습니다.
임신 기간은 9~12개월이고요.

까치상어는 성체의 몸길이가 100~150센티미터 정도입니다. 방추형 몸에 머리가 납작한 편이며, 별상어에 비해 주둥이가 짧고 둥그런 모습이지요.

꼬리지느러미의 형태 등은 다른 까치상어과
종들과 닮았습니다.

전체적인 몸 색깔은 등 부분이 짙은 회색이고, 배 쪽으로 갈수록 농도가 옅어집니다.

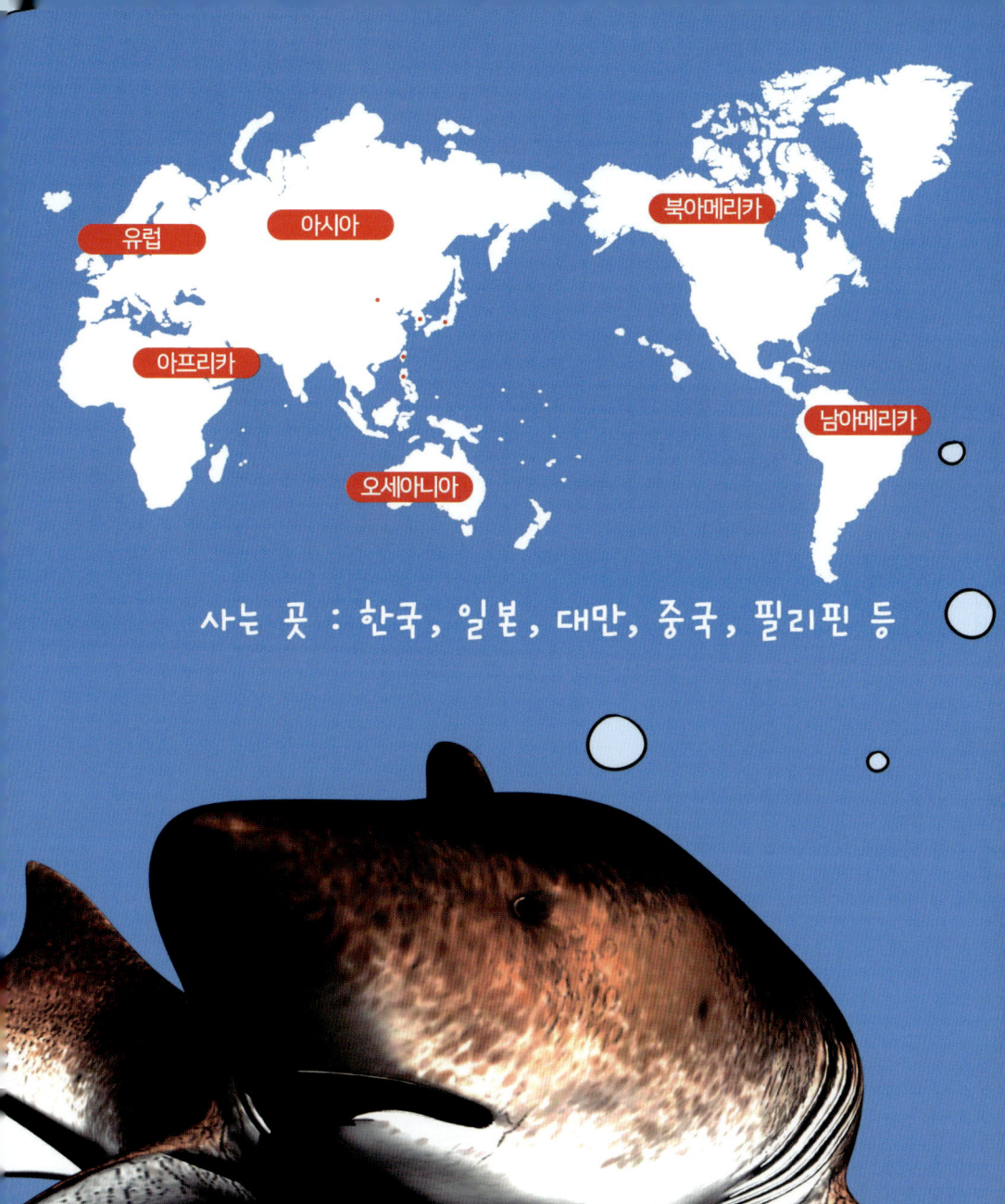

분류 : 동물계 > 척삭동물문 > 연골어강 > 까치상어과
크기 : 몸길이 100~150센티미터
먹이 : 물고기, 오징어, 새우, 게 등

전 세계 400여 종의 상어 가운데 두 번째로 큽니다. 몸집이 가장 큰 것은 고래상어지요.

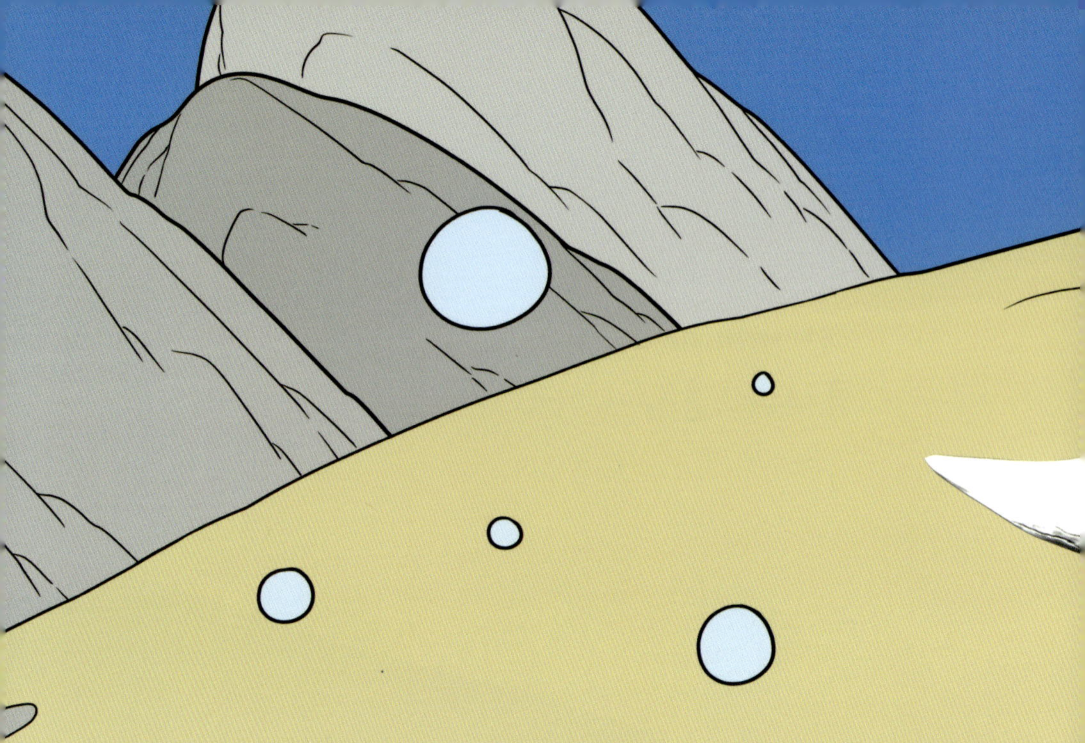

돌묵상어의 몸길이는 10~15미터에 달합니다. 몸무게도 10~17톤이나 되지요. 그러나 덩치만 클 뿐 성질이 온순해 사람에게는 피해를 주지 않는다고 합니다.

물은 아가미를 통해 빼내는데,
한 시간 동안 걸러내는 물의 양만 해도
2천 톤이나 될 만큼 엄청납니다.

돌묵상어는 아직도 난생인지 난태생인지조차 정확히 밝혀지지 않았습니다. 임신 기간도 3년쯤 된다고 추측할 뿐이지요.

오랫동안 사람들이 돌묵상어의 간을 얻기 위해 남획하는 바람에 지금은 멸종 위기에 처해 있습니다.

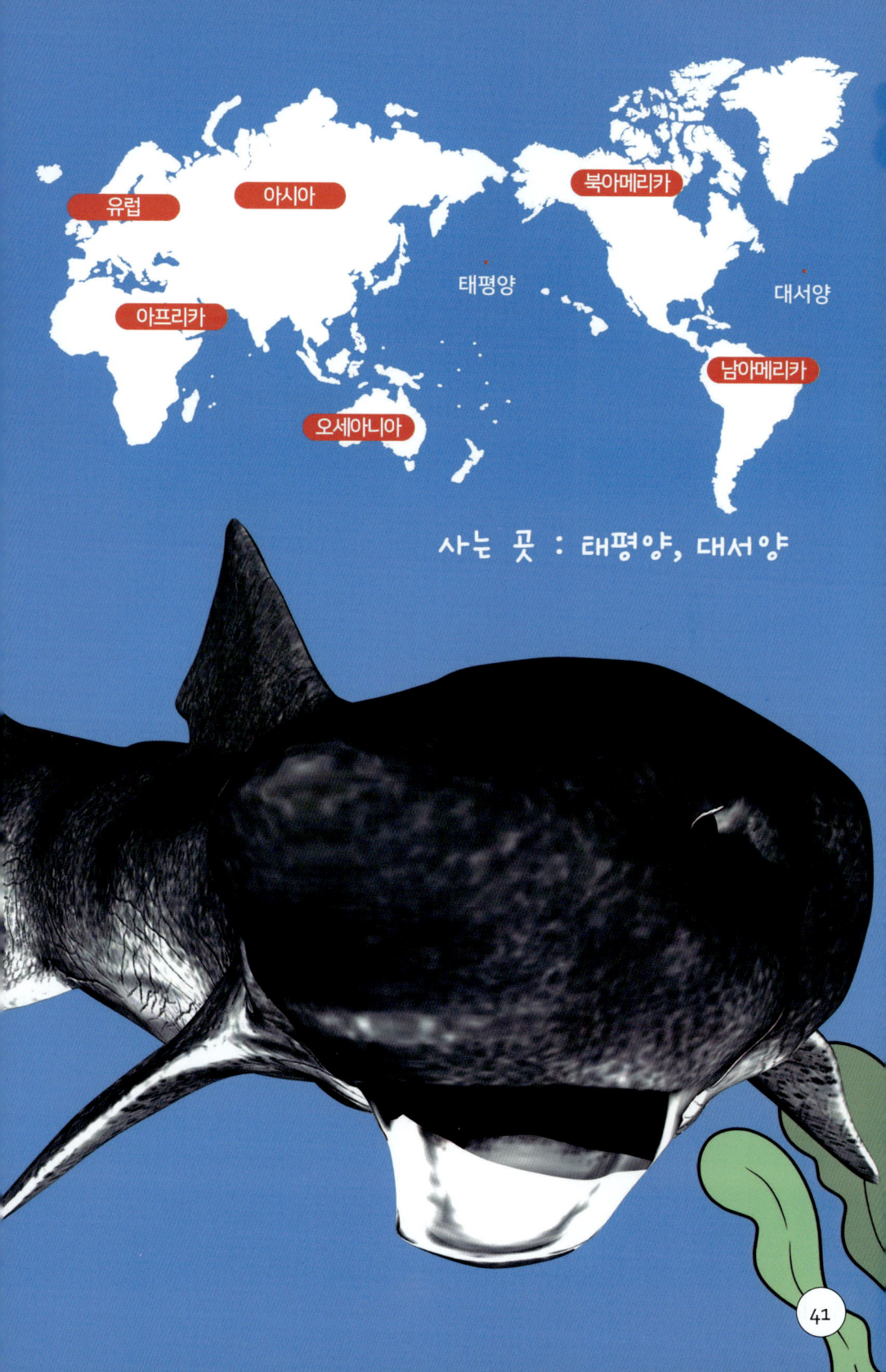

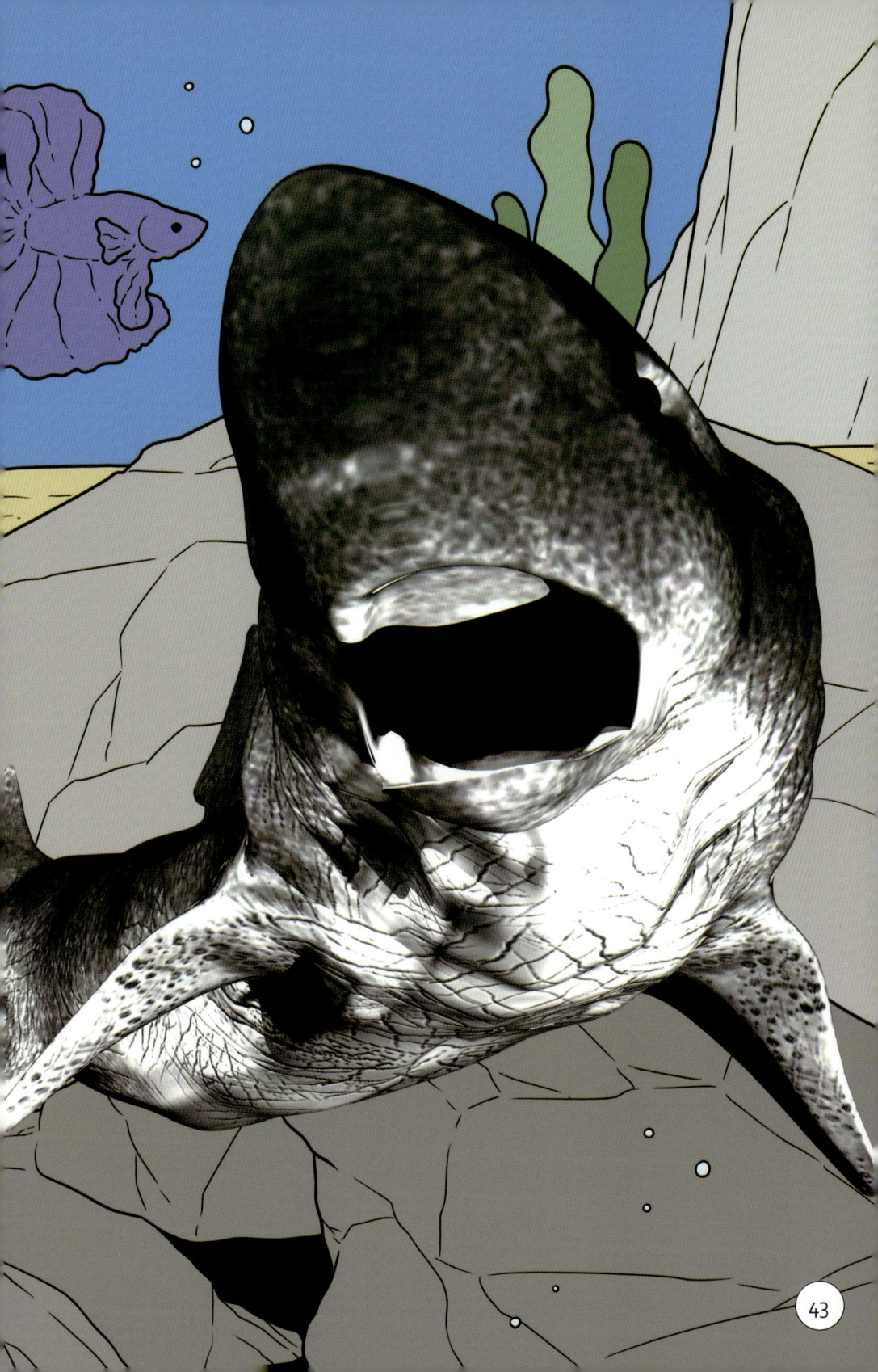

황소상어는 대표적인 식인상어 가운데 하나입니다.
성질이 난폭하기로 유명하지요.

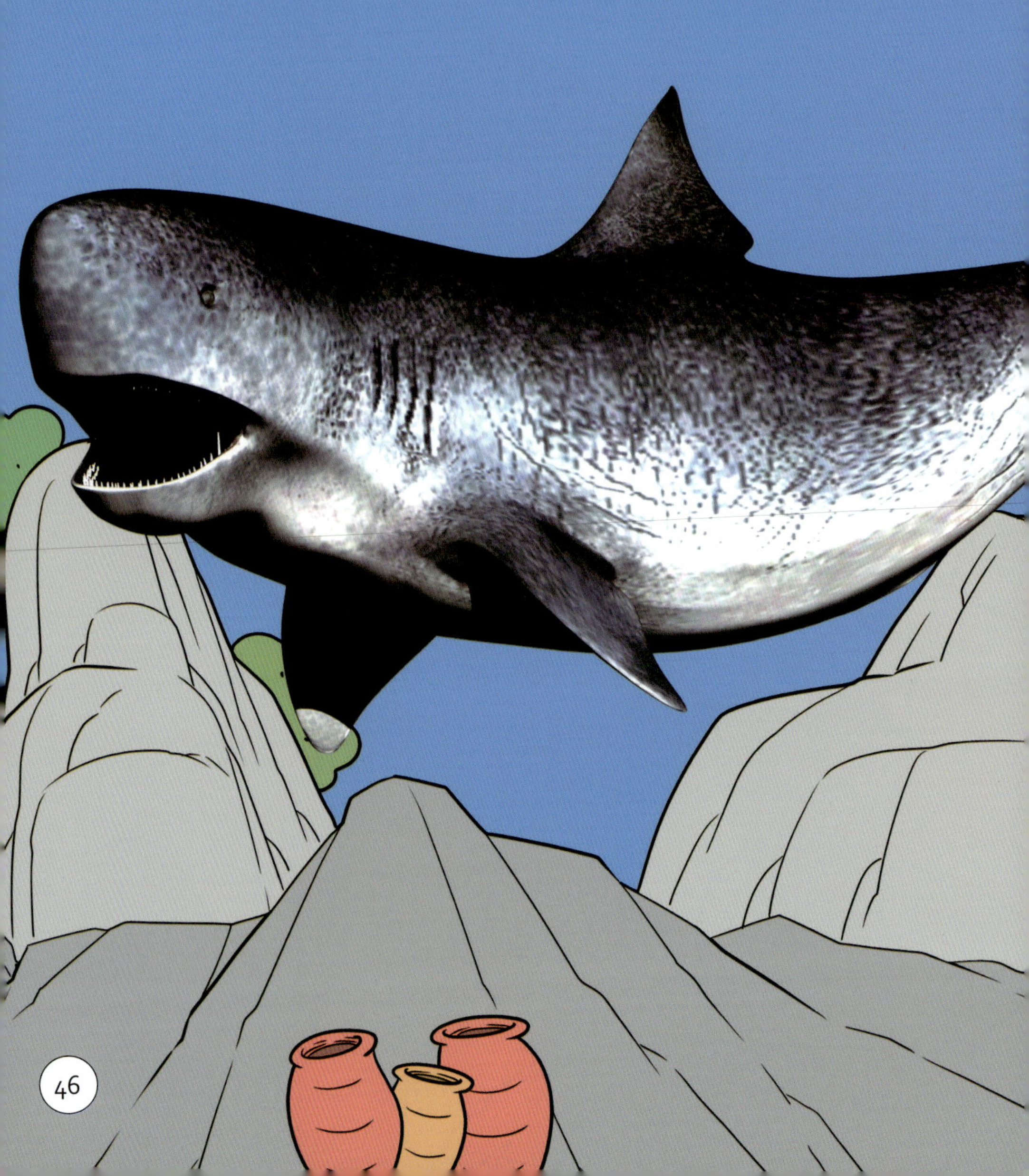

게다가 황소상어는 민물에서도 살 수 있어 인간에게 끼치는 피해가 더 크지요. 흔한 경우는 아니지만, 강이나 호수에서도 사람을 공격하기 때문입니다.

황소상어는 남태평양과 인도양, 대서양에 고루 분포합니다. 수온이 낮은 바다보다는 따뜻한 바다를 좋아하지요.

주로 연안에 서식하면서 강이나 호수까지
오르내리며 먹이 활동을 합니다. 주요 먹이는
물고기, 오징어, 게, 바다거북, 바다새, 돌고래,
작은 상어 등이지요.

황소상어의 몸 색깔은 등 부분이 짙은 잿빛을 띠고 배 부분은 흰색에 가깝습니다. 무엇보다 길이 4센티미터에 가장자리가 톱니 모양으로 된 이빨이 눈에 띄는 특징이지요.

번식 방법은 난태생이며, 평균 수명이 12~16년으로 알려져 있습니다.

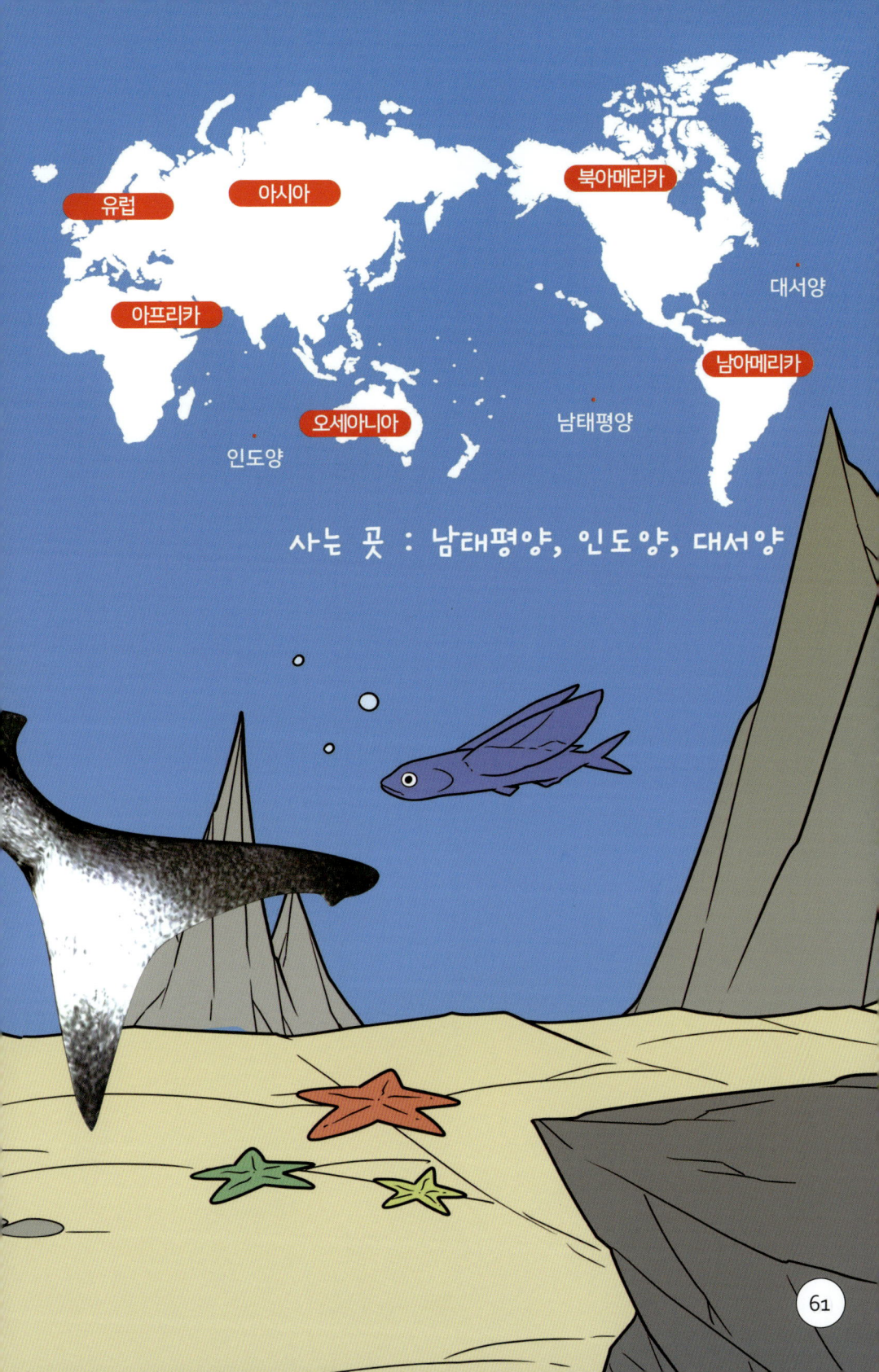

분류 : 동물계 > 척삭동물문 > 연골어강 > 흉상어과
크기 : 몸길이 240~330센티미터
먹이 : 물고기, 오징어, 게, 바다거북, 바다새,
돌고래, 작은 상어 등

수심 200~300미터의 바다 밑바닥을 기어 다니며 먹이 활동을 하는 저서성 어류입니다.

주로 물고기와 오징어, 새우, 게 등을 잡아먹고 살지요. 두톱상어는 몸이 가늘고 머리가 납작한 모습입니다.

그 밖에 꼬리지느러미가 짧고, 입 안에 날카로운 이빨이 줄지어 나 있는 것도 눈길을 끌지요.

몸 색깔은 등 부분의 경우 갈색 바탕에 어두운 줄무늬가 6~10개 있으며, 배 부분은 별 무늬 없이 흰빛을 띱니다. 등 쪽에 밝은 반점이 불규칙하게 분포되어 있기도 하고요.

두툽상어는 난생으로 번식하는데, 몸 안에서 수정된 상태로 알을 낳습니다. 그 수는 2개이며, 부화하는 데 7~9개월이 걸리지요. 평균 수명은 12년 안팎으로 알려져 있습니다.

분류 : 동물계 > 척삭동물문 > 연골어강 > 두툽상어과
크기 : 몸길이 50센티미터 안팎
먹이 : 물고기, 오징어, 새우, 게 등

몸길이 300~600센티미터에, 몸무게는 500~1200킬로그램쯤 되지요. 암컷이 수컷보다 더 큽니다.

백상아리는 태평양, 인도양, 대서양의 온난한 바다에 분포합니다. 연안과 먼 바다에 고루 서식하면서, 실제로 사람을 해치고는 하지요.

그래서 '식인상어'라는 달갑지 않은 별명을 얻기도 했습니다.

주로 물고기를 비롯해 오징어 같은 연체동물을 잡아먹지만 바다사자, 바다표범, 물개, 돌고래, 바다새 등을 해치기도 합니다.

바다의 최상위 포식자답게 배를 채울 만한 것이면
무엇이든 닥치는 대로 먹어치우지요.
백상아리는 첫 번째 등지느러미가 커다랗고
뾰족하게 솟은 것이 눈에 띕니다.

몸 색깔은 등 부분이 회색이고, 배 부분은 흰색이지요. 난태생으로 번식하며, 암컷이 한배에 10마리 안팎의 새끼를 낳습니다. 임신 기간은 11개월 정도지요.

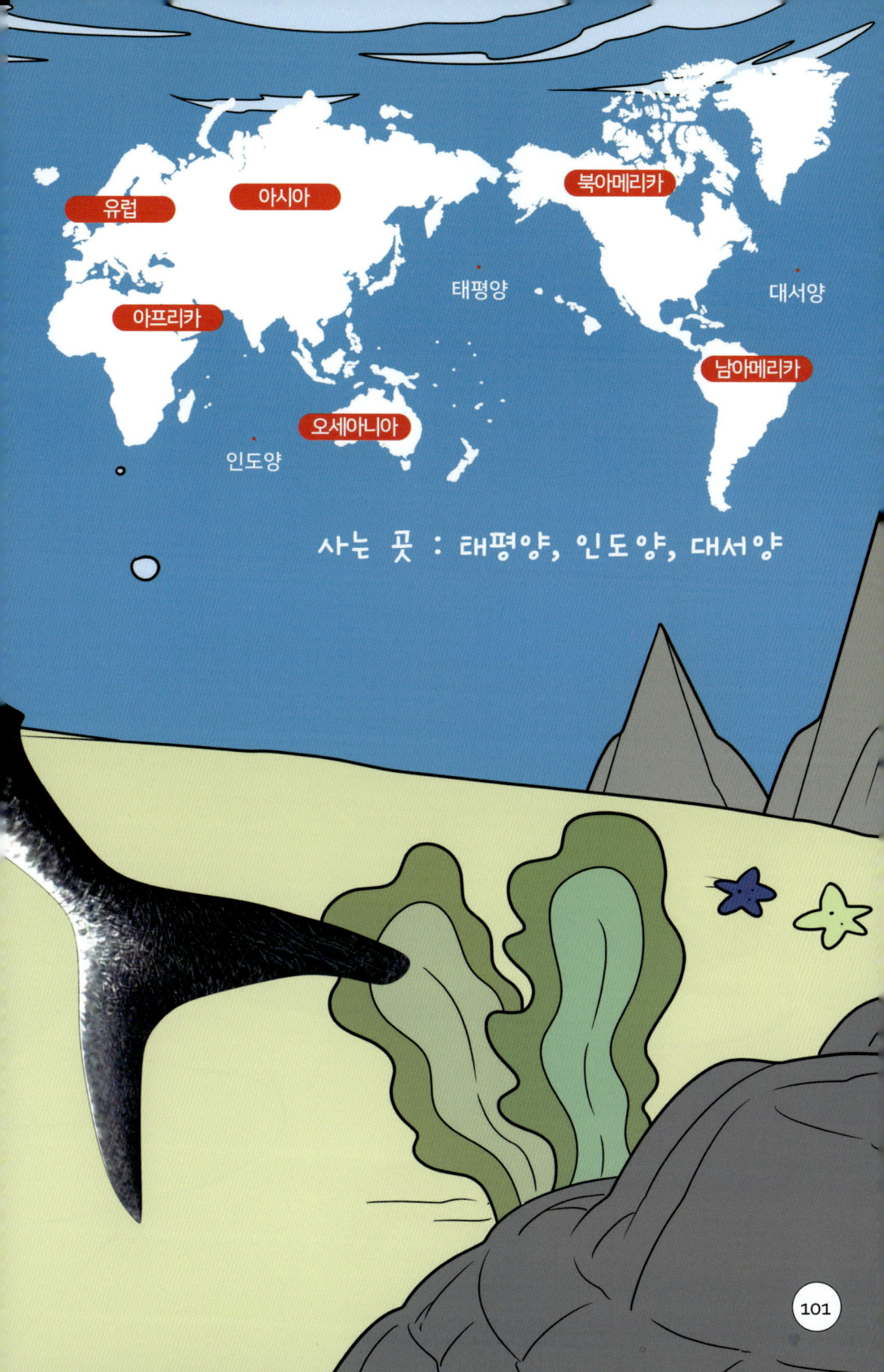

분류 : 동물계 > 척삭동물문 > 연골어강 > 악상어과
크기 : 몸길이 300~600센티미터
먹이 : 물고기, 오징어, 바다사자, 바다표범, 물개, 돌고래, 바다새 등

머리의 모양이 망치처럼 생겨 '망치상어'라고도 합니다. 눈이 머리의 양쪽 끝에 달려 있어 거리가 꽤 멀지요.

위아래 턱에는 끝이 갈라진 작은 이빨이 가지런히 나 있는데, 위턱의 이빨이 조금 더 커다랗습니다. 이빨의 가장자리는 톱니 모양이지요.

몸 색깔은 등 부분이 어두운 회색이나 올리브색을 띱니다. 배 부분은 흰색에 가깝고요. 귀상어는 군집생활을 하는데, 그 수가 수백 마리나 되기도 합니다.

주요 먹이는 가오리 등의 물고기와 오징어, 새우, 게 등이지요. 그 밖에 해양 동물의 사체를 먹기도 합니다.

귀상어는 전 세계의 따뜻한 바다에 널리 분포합니다. 번식 방법은 태생으로, 한배에 20~50마리의 새끼를 낳지요. 근래 들어 요리 재료 등으로 남획되어 개체 수가 많이 줄어들었습니다.

분류 : 동물계 > 척삭동물문 > 연골어강 > 귀상어과
크기 : 몸길이 250~400센티미터
먹이 : 물고기, 오징어, 새우, 게, 해양 동물의 사체 등

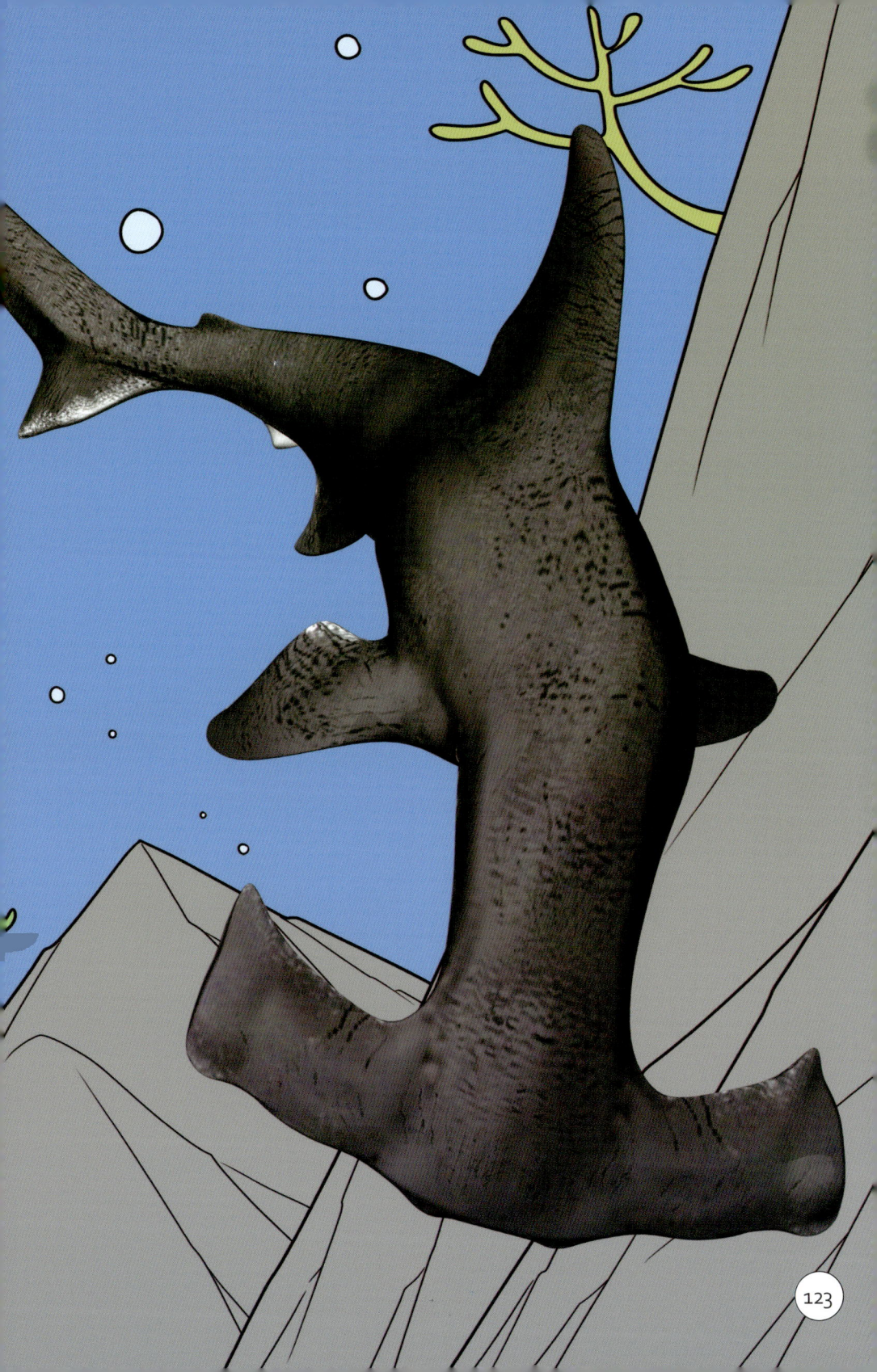

몸길이가 500~600센티미터에 달하는 대형 상어입니다. 몸에 호랑이처럼 줄무늬가 있어 '호랑이상어'라고도 부르지요.

방추형 몸에, 배에서 등까지의 체고가 높습니다.
2개의 등지느러미는 간격이 넓고, 납작한 형태의
머리가 큰 편이지요.

입 안에는 톱니 모양의 날카로운 이빨이 나 있어
먹이 활동에 유리합니다.

뱀상어는 태평양, 대서양, 인도양의 따뜻한 바다에 널리 분포합니다. 주로 수심 150미터 안팎에 서식하지요. 주요 먹이는 물고기, 오징어, 새우, 게 등입니다.

뱀상어는 난태생으로, 번식기의 암컷은 한배에 수십 마리의 새끼를 낳습니다. 임신 기간은 12개월 남짓 되는 것으로 알려져 있습니다.

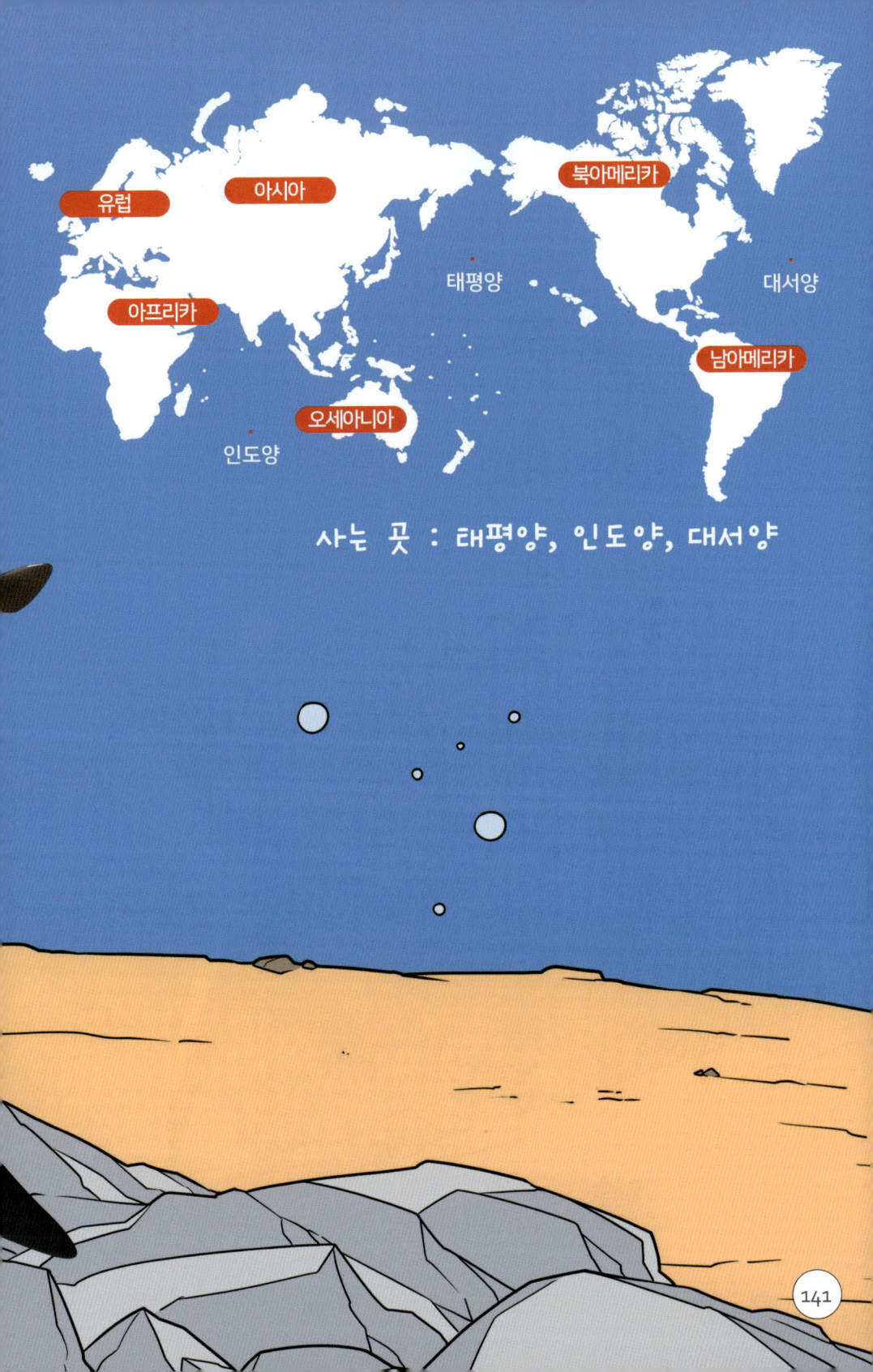

분류 : 동물계 > 척삭동물문 > 연골어강 > 흉상어과
크기 : 몸길이 500~600센티미터
먹이 : 물고기, 오징어, 새우, 게, 돌고래, 바다사자, 바다거북 등

빨판상어

빨판상어는 몸길이 30~90센티미터까지 자라납니다.
몸무게는 2킬로그램 안팎이지요.

가늘고 긴 원통형 몸이 옆으로 납작하며,
아래턱이 위턱보다 튀어나왔습니다.

무엇보다 머리 위쪽에 보이는 평평한 빨판이 눈에 띄는데, 거기에는 24개의 흡반이 자리하지요.

또한 1개의 등지느러미가 몸 중앙에서 시작해 꼬리자루까지 이어지며, 그 맞은편에 비슷한 모양의 뒷지느러미가 있습니다. 빗자루처럼 생긴 꼬리지느러미도 꽤 발달했지요.

빨판상어의 몸 색깔은 전체적으로 회갈색을 띱니다. 다만 등 쪽의 농도가 배 부분에 비해 짙은 차이가 있지요.

빨판상어는 머리 위쪽의 빨판을 이용해 상어나 가오리처럼 자기보다 큰 어류의 몸에 붙어 생활할 때가 많습니다. 숙주들이 먹잇감을 먹다 흘리거나 남긴 찌꺼기가 주요 먹이지요. 하지만 가끔은 작은 물고기 등을 직접 사냥하기도 합니다.

분류 : 동물계 > 척삭동물문 > 경골어강 > 빨판상어과
크기 : 몸길이 30~90센티미터
먹이 : 작은 물고기, 숙주가 먹다 남긴 찌꺼기 등

한국, 일본, 중국, 러시아를 중심으로 분포합니다.
주로 민물에 서식하는데, 바다와 만나는 하구에서도
모습을 볼 수 있지요.

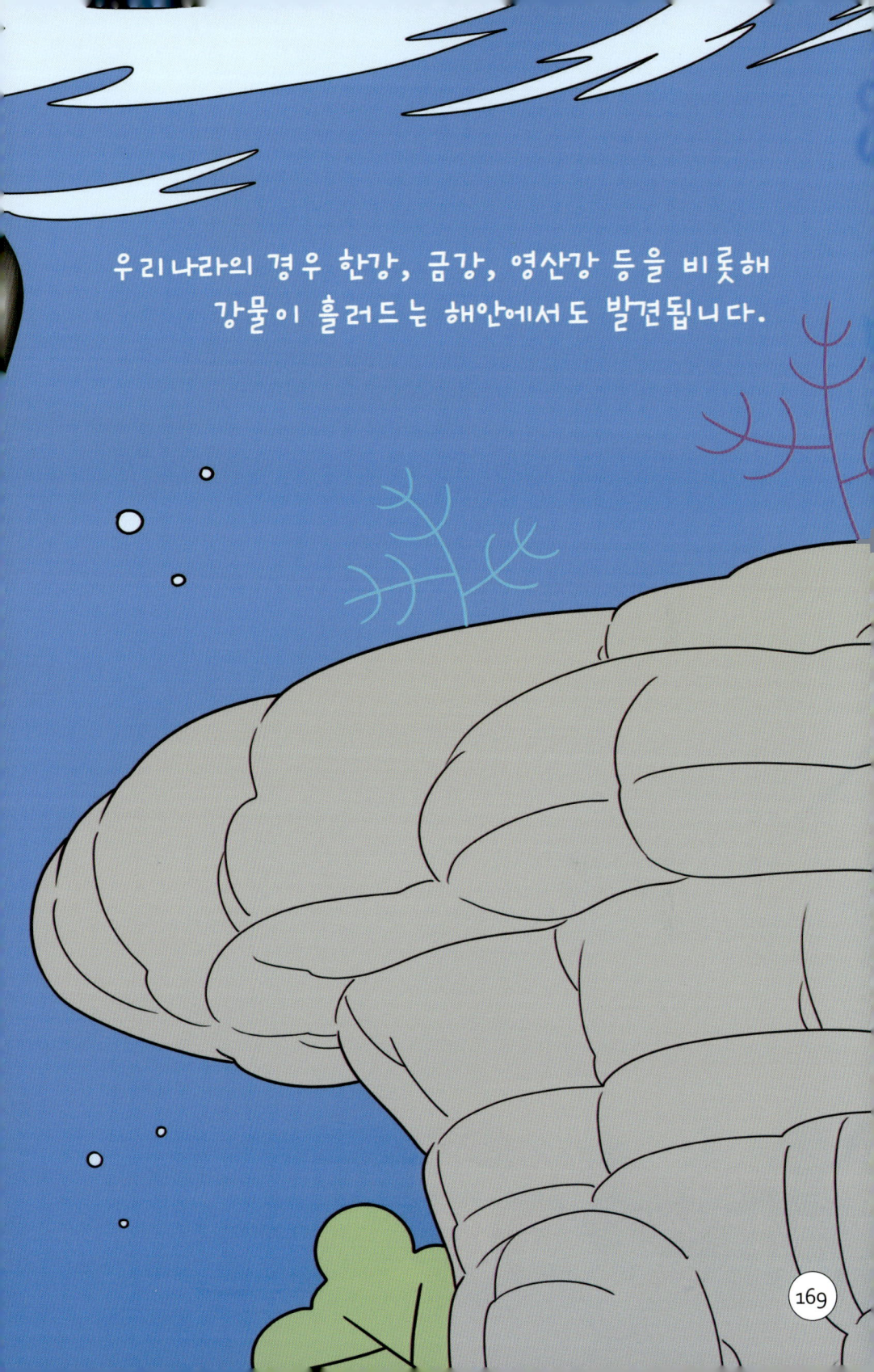
우리나라의 경우 한강, 금강, 영산강 등을 비롯해 강물이 흘러드는 해안에서도 발견됩니다.

철갑상어는 몸길이가 보통 200~350센티미터까지 자라납니다. 기다란 원통형 몸에, 주둥이가 길고 뾰족하지요.

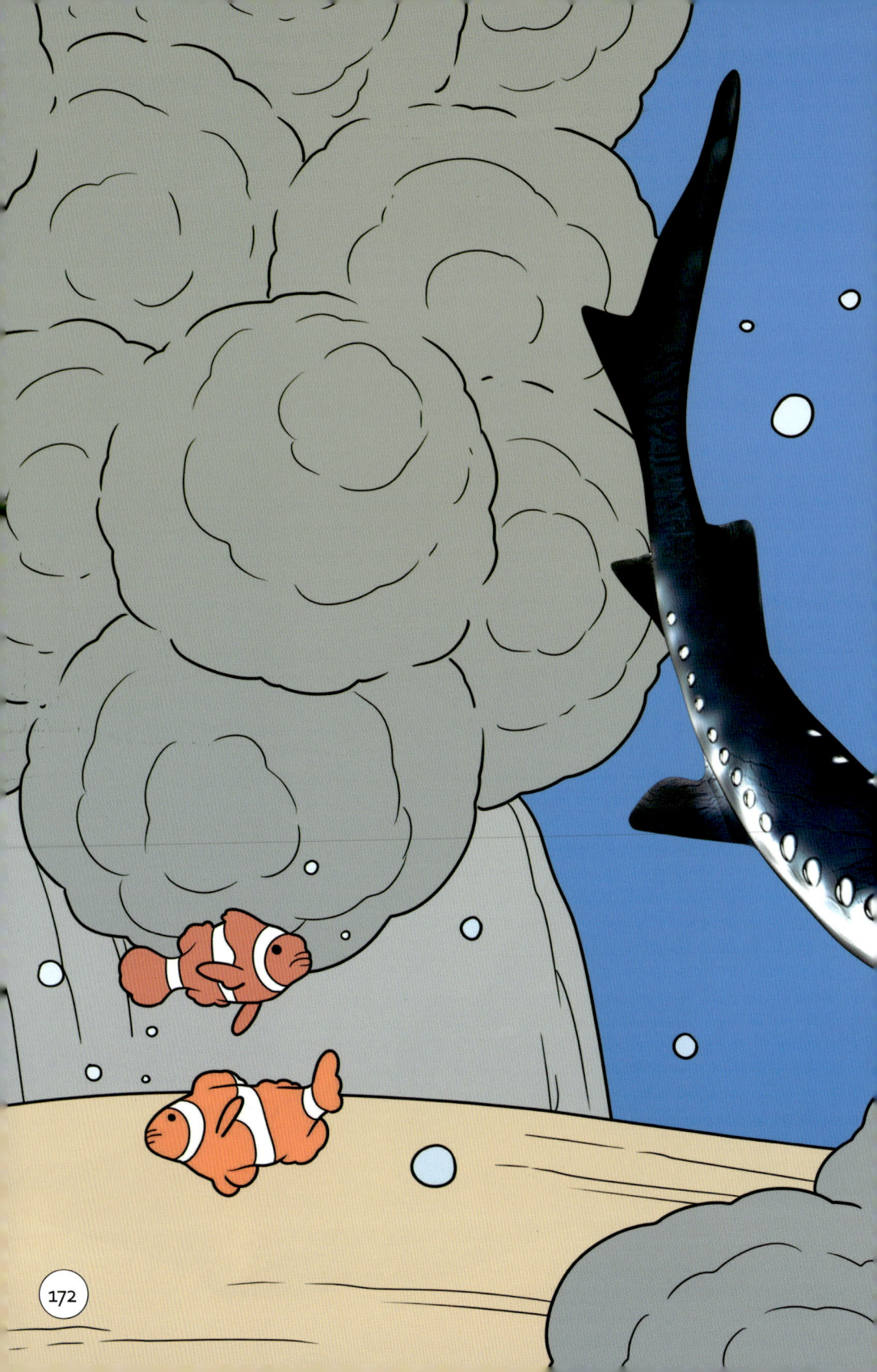

강인해 보이는 겉모습과 달리 이빨은 없고,
4개의 수염을 가졌습니다.

또한 꼬리자루 가까이 1개의 등지느러미가 보이며, 두 갈래로 갈라진 꼬리지느러미는 위쪽에 비해 아래쪽이 짧지요.

철갑상어의 몸 색깔은 머리와 등 부분이 푸른빛이 도는 회갈색을 띠고, 배 쪽은 회백색입니다. 주요 먹이는 작은 물고기, 조개, 게, 수생곤충 등이지요. 이빨이 없어 몸집이 큰 먹잇감은 사냥하지 못합니다.

대개 10년은 자라야 성체가 돼서 산란을 하는데, 그마저 해마다 낳는 것은 아니라 알이 무척 귀하지요. 철갑상어의 알을 캐비어라고 합니다.

분류 : 동물계 > 척삭동물문 > 경골어강 > 철갑상어과
크기 : 몸길이 200~350센티미터
먹이 : 작은 물고기, 조개, 게, 수생곤충 등

방추형 몸을 재빠르게 움직이는 상어입니다.

상어 종류 가운데 가장 빨라, 시속 70킬로미터 이상의 속도로 헤엄칠 수 있다고 하지요.

그만큼 활동 반경이 넓습니다. 태평양, 인도양, 대서양의 따뜻한 바다에 널리 분포하지요.

주로 물고기, 연체동물, 물개, 돌고래 등을 비롯해 바다 생물의 사체까지 먹어치웁니다.

청상아리의 몸길이는 250~500센티미터입니다.
몸 무게도 대부분 300킬로그램 이상 되지요.
몸 색깔은 등 부분이 청색을 띠고, 배 부분은
흰색입니다.

첫 번째 등지느러미에 비해 두 번째 등지느러미가 아주 작고, 꼬리지느러미는 초승달 모양이지요. 주둥이는 원뿔형으로 끝이 뾰족한 편이고, 이빨의 형태는 가늘고 매끄러우면서도 날카롭습니다.

그래도 백상아리 이빨의 가장자리가 톱니 모양인 것과 비교하면 조금은 부드러워 보인다고 할 수 있지요. 난태생으로 번식하며, 암컷은 한배에 10마리 안팎의 새끼를 낳습니다.

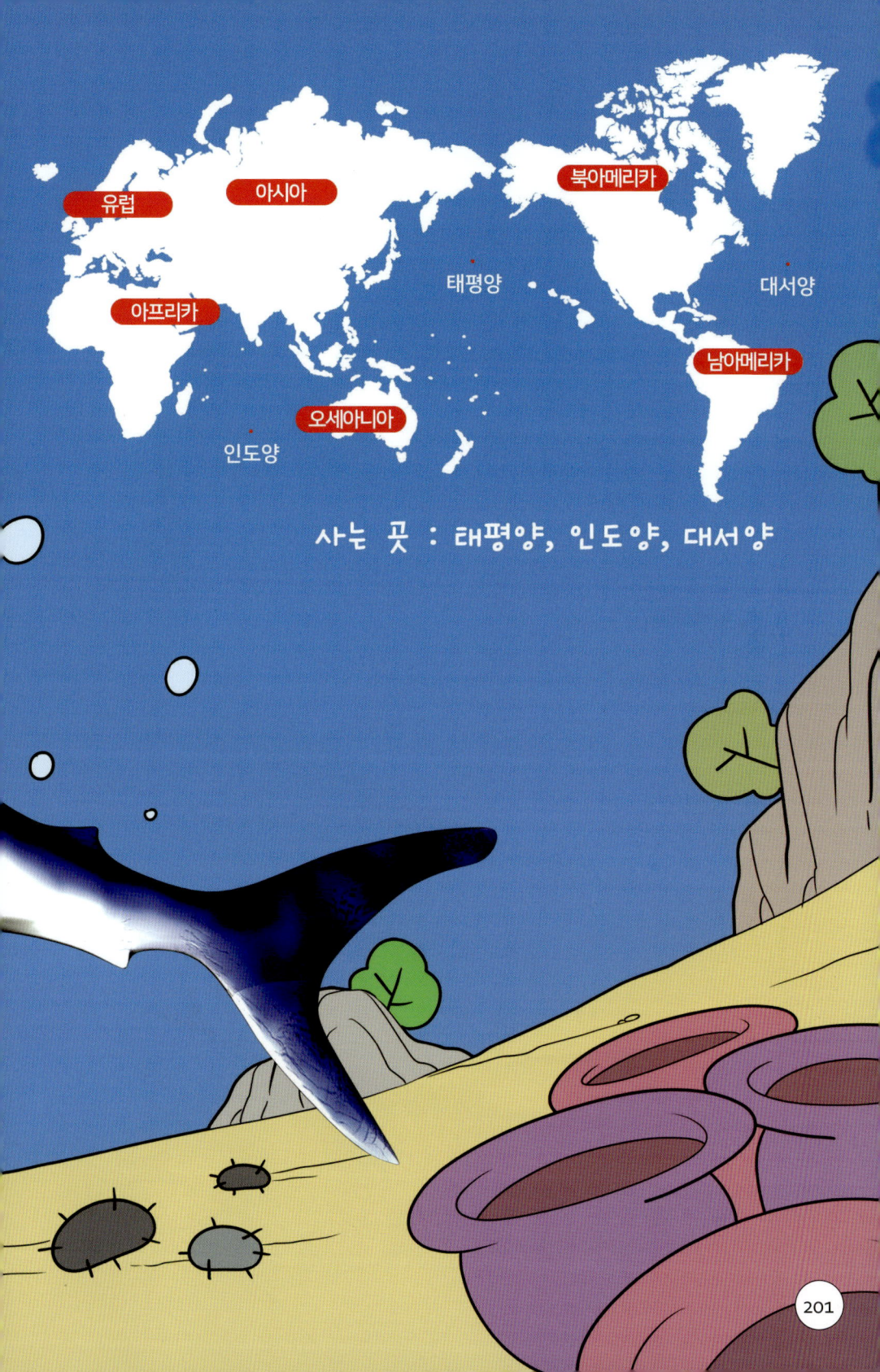

분류 : 동물계 > 척삭동물문 > 연골어강 > 악상어과
크기 : 몸길이 250~500센티미터
먹이 : 물고기, 연체동물, 물개, 돌고래, 바다 생물의 사체 등

아이들이 좋아하는
상어대백과

초판 인쇄 2022년 12월 11일
초판 발행 2022년 12월 15일

지은이 씨엘
펴낸이 진수진
펴낸곳 혜민BOOKS

주소 경기도 고양시 일산서구 대산로 53
출판등록 2013년 5월 30일 제2013-000078호
전화 031-911-3416
팩스 031-911-3417

* 본 도서는 무단 복제 및 전재를 법으로 금합니다.
* 가격은 표지 뒷면에 표기되어 있습니다.